ñ

s

b

ALBERTINA ANDA ARRIBA
EL ABECEDARIO

ll

ALBERTINA GOES UP

AN ALPHABET BOOK

z

e

by
Nancy Maria Grande Tabor

d

ñ

t

ll

Charlesbridge

Dedicated to the staff and the children at Flowery School.

Text and illustrations © 1992 by Charlesbridge Publishing
Library of Congress Catalog Card Number 92-74500
ISBN 0-88106-418-1 (softcover)
ISBN 0-88106-638-9 (library reinforced)
Published by Charlesbridge Publishing, 85 Main Street, Watertown, MA 02172 • (617) 926-0329
Printed in Hong Kong.

(sc) 10 9 8 7 6 5 4 3 2
(lb) 10 9 8 7 6 5 4 3 2 1

Albertina **a**nda **a**rriba en el **a**vión.

Albertina goes up in the airplane.

¿Puedes encontrar
  la araña
  la abeja
  los árboles
  algo que está arriba
  algo que está abajo?

Can you find
  the spider
  the bee
  the trees
  something that is up
  something that is down?

¿Cuántas alas tiene el avión?

How many wings does the airplane have?

¿Cómo se ve el mundo desde arriba en un avión?

How do things look from up in an airplane?

Benito **b**ota el **b**alón **b**ajo el balcón.

¿Puedes encontrar
   el balcón
   algo blanco
   el barco?

¿Dónde viven las ballenas?

¿Para qué sirve un faro?

Benito throws the **b**all under the **b**alcony.

Can you find
   the balcony
   something white
   the boat?

Where do whales live?

What does a lighthouse do?

Carolina come cacahuetes.

¿Puedes encontrar
  los cacahuetes
  el caracol
  algo de color café?

Cuenta los cocos. Cuenta los cacahuetes.

¿Hace frío o hace calor donde viven los cocodrilos?

Carolina eats peanuts.

Can you find
  the peanuts
  the snail
  something brown?

Count the coconuts. Count the peanuts.

Is it hot or cold where crocodiles live?

Chata **ch**upa **ch**ocolate.

¿Puedes encontrar
  los cocos
  el chimpancé
  el chocolate?

¿Son grandes o chicos los chimpancés?

¿Chacotean mucho los chimpancés?

Chata snacks on **ch**ocolate.

Can you find
  the coconuts
  the chimpanzee
  the chocolate?

Are chimpanzees big or small?

Do chimpanzees make a lot of noise?

Dalia **d**a **d**ulces a **D**avid.

¿Puedes encontrar
  dos dulces
  dos delfines
  dos ojos?

¿Qué tipo de animal son Dalia y David?

¿De qué color es el agua?

Dalia gives candies to David.

Can you find
  two candies
  two dolphins
  two eyes?

What kind of animal are Dalia and David?

What color is the water?

Ernesto enseña a los estudiantes.

¿Puedes encontrar
  un elefante
  dos ojos
  tres bolas en el árbol
  cuatro patas?

¿Son enormes o pequeñas las orejas
del elefante?

¿Con qué escuchas?

Ernesto teaches the students.

Can you find
  one elephant
  two eyes
  three balls on the tree
  four legs?

Are an elephant's ears enormous
or small?

What do you listen with?

Fatima se fija en las flores.

¿Puedes encontrar
  la foca
  las flores
  la fruta?

¿De qué colores son las flores?

¿Quién está flotando?

Fatima notices the flowers.

Can you find
  the seal
  the flowers
  the fruit?

What colors are the flowers?

Who is floating?

Gabriel goza los globos.

Gabriel enjoys the balloons.

¿Puedes encontrar
  el gato
  algo de color gris
  el gorro
  el gusano?

Can you find
the cat
something gray
the cap
the worm?

¿Es un gato gordo o flaco?

Is it a fat cat or a skinny cat?

¿Por qué goza los globos Gabriel?

Why does Gabriel enjoy the balloons?

Humberto hace helados.

Humberto makes ice cream.

¿Puedes encontrar
  una hormiga
  dos hongos
  la olla honda del helado
  cinco conos
  quince círculos?

Can you find
  one ant
  two mushrooms
  one deep pot of ice cream
  five cones
  fifteen circles?

¿Qué sabores de helado tiene
Humberto?

What flavors of ice cream does
Humberto have?

¿Qué sabor te gusta más?

What flavor do you like best?

Irma irá a la isla.

¿Puedes encontrar
  la iguana
  la isla
  las plantas?

¿De qué color es la iguana?

¿Por qué crees que Irma quiere ir
a la isla?

Irma will go to the island.

Can you find
  the iguana
  the island
  the plants?

What color is the iguana?

Why do you think Irma wants to
go to the island?

Jorge juega en el jardín.

¿Puedes encontrar
  la jirafa
  la pelota
  el árbol
  el pájaro?

¿Es largo o corto el cuello de la jirafa?

¿Te gustaría tener un cuello tan largo?

Jorge plays in the garden.

Can you find
  the giraffe
  the ball
  the tree
  the bird?

Is the giraffe's neck long or short?

Would you like to have a neck that long?

Karina pesa quince kilos.

¿Puedes encontrar
  una nariz
  dos ojos
  tres ramas
  cuatro patas?

¿Por qué la rama inclina cuando
Karina se sienta?

¿Dónde viven los koalas?

Karina weighs fifteen **kilos.** (33 pounds)

Can you find
  one nose
  two eyes
  three branches
  four paws?

Why does the branch go down when
Karina sits on it?

Where do koala bears live?

Laura lee libros a la luz de la
luna en la laguna.

¿Puedes encontrar
  la luna
  los lirios
  el libro
  la laguna?

¿Cuántos círculos encuentras?

¿Es luna llena?

Laura reads books by the light
of the moon in the lagoon.

Can you find
  the moon
  the lilies
  the book
  the lagoon?

How many circles do you find?

Is it a full moon?

Llorona lleva la llanta llena de lluvia.

¿Puedes encontrar
  las lágrimas
  la lluvia
  la llanta?

¿Qué tipo de animal es Llorona?

¿Por qué está llorando?

Llorona brings the tire full of rain.

Can you find
  the tears
  the rain
  the tire?

What kind of animal is Llorona?

Why is she crying?

Manuel **m**onta su **m**oto.

¿Puedes encontrar
  las mariposas
  la moto
  las montañas
  algo morado
  el mar?

¿Qué tiene el mapache en su
mano?

¿Preferirías estar en las montañas
o en el mar?

Manuel rides his **m**otorcycle.

Can you find
  the butterflies
  the motorcycle
  the mountains
  something purple
  the ocean?

What does the racoon have in its
hand?

Would you like to be at the
mountains or the beach?

Nora **n**ada con sus **n**ueve **n**ietos.

¿Puedes encontrar
   las nubes
   el nido
   las naranjas
   los nietos?

¿Cuántas naranjas hay en cada árbol?

¿Comó se siente Nora nadando con sus nietos?

Nora swims with her **n**ine grandchildren.

Can you find
   the clouds
   the nest
   the oranges
   the grandchildren?

How many oranges are in each tree?

How does Nora feel swimming with her grandchildren?

La señora cigüeña se baña y
sueña.

Madam Stork takes a bath and
dreams.

¿Puedes encontrar
    el bañadero
    la piña
    la caña
    la cigüeña?

Can you find
    the water hole
    the pineapple
    the sugar cane
    the stork?

¿Con qué sueña la cigüeña?

What is the stork dreaming about?

¿A ti te gusta la piña?

Do you like pineapple?

Ofelia **o**frece una **o**ferta.

¿Puedes encontrar
   la oveja
   un ojo
   ocho gorritas
   once calcetines?

¿De dónde viene la lana para la ropa?

¿Si Ofelia vende pares de calcetines, que problema tendrá?

Ofelia has a sale.

Can you find
   the sheep
   the eye
   eight caps
   eleven socks?

Where do we get the wool for clothes?

If Ofelia sells pairs of socks, what problem will she have?

Pepe se pasea por las piedras.

¿Puedes encontrar
  los peces
  las piedras
  las plantas del mar?

¿Cuántos tentáculos tiene un pulpo?

¿Por qué no hay pájaros en éste dibujo?

Pepe takes a walk among the rocks.

Can you find
  the fish
  the rocks
  the sea plants?

How many tentacles does an octopus have?

Why are there no birds in this picture?

Quintana se **q**ueja del **q**ueso.

¿Puedes encontrar
   el queso grande
   quince agujeros en el queso grande
   el queso chiquito
   tres agujeros en el queso chiquito?

¿Cómo sabes que Quintana no está contenta?

¿Por qué se queja?

Quintana complains about the cheese.

Can you find
   the big cheese
   fifteen holes in the big cheese
   the little cheese
   three holes in the little cheese?

How do you know that Quintana isn't happy?

Why does she complain?

Roberto se **r**emoja en el **r**ío.

¿Puedes encontrar
  el rinoceronte
  el río
  las rosas?

¿De qué color son las rosas?

¿Por qué está remojándose?

Roberto soaks in the river.

Can you find
  the rhinoceros
  the river
  the roses?

What color are the roses?

Why is he soaking himself?

Soledad saca su sombrero.

¿Puedes encontrar
  el sol
  el sombrero
  unas hojas del árbol
  un lugar en la sombra?

¿Duerme la lechuza en el día o en
la noche?

¿Por qué está sacando Soledad su
sombrero?

Soledad takes out her hat.

Can you find
  the sun
  the hat
  any leaves on the tree
  a place in the shade?

Does the owl sleep in the day or in
the night?

Why is Soledad taking out her
hat?

Tomás toma té.

¿Puedes encontrar
  la tortuga
  la taza
  trece divisiones en el caparazón
  dos verdes diferentes?

¿Qué comen las tortugas?

¿Dónde viven las tortugas?

Thomas drinks tea.

Can you find
  the turtle
  the tea cup
  thirteen sections on the turtle's shell
  two different greens?

What do turtles eat?

Where do turtles live?

Ursula **u**sa **un u**niforme.

¿Puedes encontrar
   un unicornio
   un cuerno
   un ojo
   una cola
   una cabeza?

¿Qué colores hay en éste dibujo?

¿Por qué crees que Ursula usa
uniforme?

Ursula wears a **u**niform.

Can you find
   one unicorn
   one horn
   one eye
   one tail
   one head?

What colors are there in this picture?

Why do you think Ursula is
wearing a uniform?

Verónica vende violetas.

¿Puedes encontrar
  las violetas
  algo de color verde
  veinte puntos negros?

¿Cuántas violetas hay?

¿Hay una docena de flores?

Veronica sells violets.

Can you find
  the violets
  something green
  twenty black dots?

How many violets are there?

Are there a dozen flowers?

William pidió prestado el disco de Wagner.

¿Puedes encontrar
  el cangrejo ermitaño
  el tocadiscos
  el disco
  la letra W que hace la planta?

¿Si el disco es prestado, es de William?

William borrowed the record from Wagner.

Can you find
  the hermit crab
  the record player
  the record
  the letter W that the plant makes?

If the record is borrowed, is it William's record?

Xochil toca el xilófono.

¿Puedes encontrar
  Xochil
  la letra X
  el xilófono?

¿De qué colores son las plumas
del pájaro?

¿A tí te gusta la música del
xilófono?

Xochil plays the xylophone.

Can you find
  Xochil
  the letter X
  the xylophone?

What colors are the bird's
feathers?

Do you like xylophone music?

Yahaira ya tiene yeso.

¿Puedes encontrar
  el yac
  dos cuernos
  el yeso
  tres patas sin yeso?

¿Por qué trae yeso?

¿Por qué se pone un yeso cuando
se rompe un hueso?

Yahaira has a cast now.

Can you find
  the yak
  two horns
  the cast
  three legs without a cast?

Why does the yak have a cast?

Why is a cast put on when a bone
is broken?

Zazil zapatea zamba en el zacate.

¿Puedes encontrar
   la zorra
   los zopilotes
   el zacate?

¿Qué buscan los zopilotes?

¿Por qué baila Zazil?

Zazil tap dances knock-kneed in the grass.

Can you find
   the fox
   the buzzards
   the grass?

What are the buzzards looking for?

Why is Zazil dancing?

A	Albertina anda arriba en el avión.	Albertina goes up in the airplane.
B	Benito bota el balón bajo el balcón.	Benito throws the ball under the balcony.
C	Carolina come cacahuetes.	Carolina eats peanuts.
Ch	Chata chupa chocolate.	Chata snacks on chocolate.
D	Dalia da dulces a David.	Dalia gives candies to David.
E	Ernesto enseña a los estudiantes.	Ernesto teaches the students.
F	Fatima se fija en las flores.	Fatima notices the flowers.
G	Gabriel goza los globos.	Gabriel enjoys the balloons.
H	Humberto hace helados.	Humberto makes ice cream.
I	Irma irá a la isla.	Irma will go to the island.
J	Jorge juega en el jardín.	Jorge plays in the garden.
K	Karina pesa quince kilos.	Karina weighs fifteen kilos. (33 pounds)
L	Laura lee libros a la luz de la luna en la laguna.	Laura reads books by the light of the moon in the lagoon.
Ll	Llorona lleva la llanta llena de lluvia.	Llorona brings the tire full of rain.
M	Manuel monta su moto.	Manuel rides his motorcycle.
N	Nora nada con sus nueve nietos.	Nora swims with her nine grandchildren.
Ñ	La señora cigüeña se baña y sueña.	Madam Stork takes a bath and dreams.
O	Ofelia ofrece una oferta.	Ofelia has a sale.
P	Pepe se pasea por las piedras.	Pepe takes a walk among the rocks.
Q	Quintana se queja del queso.	Quintana complains about the cheese.
R	Roberto se remoja en el río.	Roberto soaks in the river.
S	Soledad saca su sombrero.	Soledad takes out her hat.
T	Tomás toma té.	Thomas drinks tea.
U	Ursula usa un uniforme.	Ursula wears a uniform.
V	Verónica vende violetas.	Veronica sells violets.
W	William pidió prestado el disco de Wagner.	William borrowed the record from Wagner. The letter W is not part of the Spanish alphabet but it is needed for some names and foreign words.
X	Xochil toca el xilófono.	Xochil plays the xylophone.
Y	Yahaira ya tiene yeso.	Yahaira has a cast now.
Z	Zazil zapatea zamba en el zacate.	Zazil tap dances knock-kneed in the grass.